NANDARO NANDARO by Shinsuke Yoshitake
Copyright © Shinsuke Yoshitake, 2019
All rights reserved.
Original Japanese edition published by Mitsumura Tosho Publishing Co., Ltd.

Korean translation copyright © 2020 by Gimm-Young Publishers, Inc.
This Korean edition published by arrangement with Mitsumura Tosho Publishing Co., Ltd., Tokyo, through HonnoKizuna, Inc., Tokyo, and BC Agency.

이 책의 한국어판 저작권은 BC 에이전시를 통해 저작권자와 독점계약을 맺은 ㈜김영사에 있습니다.
저작권법에 의해 한국 내에서 보호를 받는 저작물이므로 무단전재와 복제를 금합니다.

이 책 중간부터
어려운 말이
많이 나와서
잘 모르겠어요.

몰라도 괜찮아!
어른도 모를 때가
아~주 많으니까!

이게 정말 뭘까?

요시타케 신스케 글·그림 | 김정화 옮김

그래, 잘 다녀와.

다녀오겠습니다.

주니어김영사

뭘까? 뭐지?

학교란 대체 뭘까?

학교는
덜렁덜렁
가방을 메고 가는 곳?

선생님과
친구가 있는 곳?

울다가 웃다가

싸우다가
화해하는 곳?

뭐 하나는
꼭 빠뜨리고
가는 곳?

선생님이
누굴 닮았나
생각하는 곳?

학교는 지금까지
해 보지 않은 일을
하는 곳?

지금까지
생각해 보지 않은 것을
생각하는 곳?

나와 친구의 닮은 점과

다른 점을
알아내는 곳?

숙제나 시험이 있으면
다 같이 "아아!" 하고
투덜대는 곳?

보물을
발견하는 곳?

오늘은 체육
안 해요!

'학교'라는 건
진짜 뭘까?

뭘까? 뭐지? **즐겁다**란 대체 뭘까?

즐겁다는 건
다리가 저절로 대롱거리고
머리가 저절로 흔들거리고

어느새 온몸을
들썩거리는 것?

어떤 때를
즐겁다고 하는 걸까?
내가 즐거운 것과
그 애가 즐거운 건
다를까?

어른들의 즐거움과
아이들의 즐거움은
다를까?

친구가 즐거워하면
나도 즐거워지는걸!

즐거운 일이
끝나는 건
아쉬워.

집에 가자!

즐거운 일이 쭈욱
계속되면 좋을 텐데.

재미없는 일이
있으니까
즐거운 일도
있는 걸까?

누구의 말 한마디로
갑자기 즐거워질
때도 있는데……

처음에는 지루했지만,
점점 즐거워질 때도
있기는 해.

'즐겁다'는 건
진짜 뭘까?

거짓말이란 대체 뭘까?

거짓말은 아무한테도 안 들키면 거짓말이 아닐까?

'중요한 사실을 말하지 않는 것'은 거짓말일까, 아닐까?

지금까지 한 번도 거짓말을 해 보지 않은 사람이 있을까?

'해도 되는 거짓말'과 '터무니없는 거짓말'이 있을까?

어때? 맛있어?

으응… 맛… 있어….

'착한 거짓말'이란 어떤 거짓말일까?

엄마, 아빠가 날 위해 하는 거짓말은 괜찮을까?

빨리 안 자면 망태 할아버지 온다!

'재미있는 거짓말'이면 괜찮을까?

저거 공룡 알이야!

웃기시네!

도넛 안 먹었다고요!

왜 그럴까?

터무니없는 거짓말일수록 금방 들킨다.

저는 그만하라고 말했어요….

저도 말했어요….

혼나기 싫을 때? 다른 사람에게 잘 보이고 싶을 때?

또 언제 거짓말을 할까?

어떤 때 터무니없는 거짓말을 하게 될까?

터무니없는 거짓말을 많이 하면 다른 사람들이 믿어 주지 않아.

믿음을 주지 못하는 사람은 어떻게 될까?

'거짓말'이란 건 진짜 뭘까?

나라면
어떻게 했을까
생각하면서
봤다니까!

정말?
드라마는
내 얘기랑
완전히 달라서
더 재미있는 거
아니야?

외계인이
그걸 봤어도
마음이 놓이고,
감동하고 그럴까?

아하하하!
그러게.
어떨까?

애초에 '친구'나
'행복'이라는 건
대체 뭘까?

음, 글쎄.

맞아.
'나'라는 건
또 뭐지?

뭘까? 뭐지?

친구란 대체 뭘까?

나와 비슷한 면이 있어.
그래서 친구가 돼.

나하고 다른
면이 있어.
그래서 같이 있으면
재미있어.

가족이나
선생님한테
못 하는 얘기도
친구한테는
할 수 있어.

친구들과 있으면
혼자 있을 때보다
좀 더 강해지는
기분이 들어.

목소리도 커지고,
어느새 까불게
된다니까.
왜 그럴까?

좋은 일이든
나쁜 일이든
친구와 함께라면 할 수 있어.

친구란 건 참 멋져.
친구란 건 참 신기해.

나한테 친구는
그 애밖에
없지만

그 애한테는
나 말고도 친구가 많아.

어쩐지 좀 쓸쓸해.
그 애는 어떻게
생각할까?

반이 바뀌고
사는 곳이 달라지고
점점 자라면서
친구도 달라져.

여러 친구와 울다가,
웃다가, 싸우다가,

또 여러 친구와
이런저런 일을 하면서
나는 점점 나다워져.

'친구'라는 건
진짜 뭘까?

뭘까? 뭐지?

행복이란 대체 뭘까?

행복이란 '많은 것 중에서 내 맘대로 고르고 정할 수 있는 것'일까?

난 슈퍼 스트로베리 스페셜요!

행복이란 '주변 사람들이 나를 소중하게 보살펴 주는 것'일까?

행복이란 '나의 소중한 사람이 행복한 것'일까?

행복이란 가끔 '내가 나라서 다행이야'라고 생각할 수 있는 것?

행복이란 '어어? 조금만 하면 될 거 같은데?' 하고 생각할 수 있는 것?

행복이란 아마도 밖에서 그대로 들어오는 게 아니라,

몇 가지 재료가 한데 섞여 내 몸속에서 만들어지는 게 아닐까?

행복의 재료는 나이나 나라, 시대에 따라서 다양하고

행복을 만드는 장치는 스스로 어느 정도 개조할 수도 있을 거야.

그러니까 재료가 모자라도 지금까지와 달라도 행복은 자기가 생각하기에 따라 언제든지 만들 수 있는 게 아닐까?

'행복'이라는 건 진짜 뭘까?

이거 봐! 다친 데에다 얼굴을 그렸어! 붕대맨!

뭘까? 뭐지?

나란 대체 뭘까?

내가 나를
잊어버리거나
다른 사람들이
나를 잊어버리면

나는 내가
아닐까?

아마도 나는 이제부터
많이 달라질 거야.

내가 나인 채로 있으려면
어떡해야 할까?

어른은
어때?

몸도 마음도
어른이 되면
어린이인 나는
어떻게 되는 걸까?

비밀.

점점
내 일은 내가
결정할 수 있게 된다.

그게 기쁠 때도 있고
귀찮을 때도 있다.

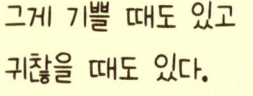
어—떻—게 할까나.

앞으로 내가
어떻게 달라질지 그것은
'내 탓'이기도 하고
'내 덕'이기도 하다.

다른 사람이 나를 온전히 이해해 주는 것은 어디까지 가능할까?

나는 앞으로 더… 어쩌고저쩌고

아주 괜찮은 놈이라니까!

애초에 나는 나를 잘 알까?

다른 사람은 아는데 정작 자기는 잘 모를 때도 있다.

그건 아마 내가 나를 '밖'에서 보지 못하기 때문이 아닐까?

그렇지만 내가 앞으로 어디를 가든 무엇을 하든 어떤 일이 있든 거기에는 내가 있어.

나한테는 내가 늘 딱 붙어 있지.

이제 어떡하지?

'나'라는 건 진짜 뭘까?

아하하하.
맞아요, 많이 했었는데…….
그런데 도대체
정의라는 건 뭘까요?

허허허.
그러게 말이다.

휴…….
요즘에는 도저히
용서할 수
없는 일이
너무 많아요.
집에서도
자립하라고 하고.

그렇구나.
이래저래 힘들지?

네. 짜증 나요.

대체 뭔지
모르겠구나.
'정의'라든지
'용서'라든지
'자립'이라든지
하는 것들 말이다.

뭘까? 뭐지? 정의란 대체 뭘까?

정의란 사전에는 '올바른 도리', '사람 행동의 올바름'이라고 나와 있어.

그렇지만 '올바름'이란 어떤 걸까?

정의로 사람을 도울 수 있고,

정의가 사람을 구할 수도 있어.

모두의 행복을 위해서 정의가 가장 중요할까?

그렇지만 정의라는 건 사람에 따라 달라. 처지에 따라 여러 가지 정의가 있어.

각자의 정의는 매우 중요하기 때문에 서로 다른 정의끼리는 양보하기가 어려워.

우리한테 아무 짓도 안 했는데 불쌍하잖아!

정의의 편입니다!

그건…

너무 많아지면 안 되니까 잡아야 해!

누구의 '정의'를 말하는 거죠?

사람들은 '정의를 위해서'라면 전쟁도 일으켜.

모두를 위한 정의가 모두를 불행하게 하기도 해.

정의의 '올바른 사용법'은 어떻게 알 수 있을까?

앞으로 누군가 네 안의 정의를 묻는 때가 종종 찾아올 거야.

친구가. 또 어른이.

그럴 때 가장 우선으로 여겨야 할 것은 무엇일까?

누구를 부정하지도 않고 누구에게 양보하지도 않는 그런 '유연한 정의'를 만들어서 모두 잘 사용할 수는 없을까?

너한테도 정의가 있니…?

'정의'란 진짜 뭘까?

뭘까? 뭐지?
용서란 대체 뭘까?

세상에는
용서할 수 없는 일이
사방에 수두룩해.

전 세계에서 일어나는 사건도,

나한테 못된 짓을 한 친구도,

뻔지르르한 말만 하고
아무것도 알아주지 않는
어른들도.

'용서'는 어려워.

대체 어떻게 해야
'용서'가 될까?

미움이 사라지면?
잊어버린 척 할 수 있으면?
다른 일로 머리가
꽉 차 버리면?

용서해 버리면
내가 가장 중요하게
생각하는 것이
사라져 버릴까?

그렇지만
'용서할 수 없는 상태'도
힘들어. 조금도
즐겁지 않아.

죽어도 용서할 수 없는 일이 있어서, 그것을 위해 사람과 세상을 바꾸려는 사람도 있어.

'용서할 수 없다'는 마음은 때로는 엄청난 힘이 돼. 많은 사람을 구하기도 하고, 누군가에게 지독한 상처를 주기도 해.

'용서 못 해'가 필요할 때도 있을까?

절~대~로

용서 못 해!

용서하는 데 평생이 걸리기도 하나 봐.

이제 됐어요.

용서해 주고 싶지만 용서 못 하는 일도 있을 거야.

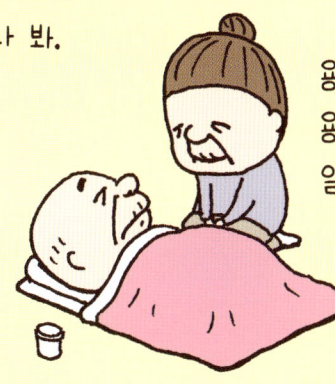

오늘은 꼭…

아직 안 되겠어….

'반만 용서해 준다'는 건 가능할까?

많은 일을 하기도 하고, 당하기도 하고 사람은 모두 '피차일반'일 거야.

용서하기도 하고, 용서하지 못하기도 하고, 용서하고 싶기도 하고.

너는 여러 화살표 안에 있어.

'용서'란 진짜 뭘까?

뭘까? 뭐지?

자립이란 대체 뭘까?

'자립'이란 자기 스스로 돈을 버는 것? 번 돈을 어디에 쓸지 자기가 결정하는 것?

세상의 일원으로서 다른 사람에게 도움이 되는 기술을 익히거나 역할을 하는 것?

자기가 정한 일의 결과를 자기가 책임지는 것?

'무슨 일이 생겨도 어떻게든 해 볼게. 잘될 거야'라고 할 수 있는 것?

응. 괜찮다니까.

자기가 해야 할 일과 다른 사람에게 부탁해도 되는 일을 구별할 수 있는 것?

부탁해도 돼?

그럼.

별 볼 일 없다고
괴로워했던 자신을
이 정도면 괜찮다고
생각할 수 있게
되는 것?

하지 못하는 마음,
그래도 하고 싶은
마음을 진심으로
이해하는 것?

자기가 뭘 좋아하는지 아는 것?
자기에게 행복이 무엇인지,
행복을 위해 무엇을
해야 하는지
점점 알게 되는 것?

자기의
의견이
생기는 것?

자기 혼자 힘으로
살아가는 것?

그렇지만
'사실은 자기 혼자
힘으로 살 수 있는
사람은 아무도 없다'는
것을 깨닫는 것?

'자립'이란
진짜 뭘까?

부모님도 그렇고
선생님도 그렇고
입장에 따라서
다 하는 말이 다르고.

다른 평범한
사람들은 어떨까요?
난…….
장래의 꿈 같은 거
딱히 없는데.

뭐가 뭔지 모르겠고.
그래서 일단
머리 모양이라도
바꿔 보려고요.

그렇군요.
나도 옛날에 그랬는데…….
진짜 뭘까요.
'입장'이라든지
'평범'이라든지
'꿈'이라든지.

뭘까? 뭐지?

입장이란 대체 뭘까?

아빠로서

회사원으로서

자식으로서

사람에게는 다양한 입장이 있어.

선택할 수 있는 입장도 있지만 그럴 수 없는 입장도 있어. 입장이 여러 개인 사람도 있어.

입장에 따라 할 수 있는 일이 있고, 할 수 없는 일이 있어.

예를 들어 부모는 부모 입장이라서 할 수 있는 일이 많아.

하지만 부모이기 때문에 할 수 없는 일도 많아.

들어오지 말랬잖아!

같은 말도 어떤 입장인 사람에게 듣느냐에 따라 의미가 완전히 달라져.

부럽다.

부럽군.

부러워!

입장이란 건 희한해.

입장에 따라서 자기가 생각하지 않은 말을 해야 할 때도 있는 것 같아.

잘 어울려요!

절대 말할 수 없어요.

어째서 그런 일이 생기는 걸까?

안 돼!
안 돼!

버럭 화가 나거나 내 이야기가 좀처럼 전해지지 않을 때는 자기와 상대의 입장이 어떻게 다른지 생각해 보는 게 좋아.

이 사람은 무얼 해야 하는 입장일까….

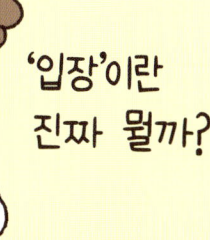

조금 더 나은 답을 찾으려면 서로의 입장이 무엇인지 생각해 보는 것도 중요하지 않을까?

엄마는 이걸 살 수 있는 입장이야?

'입장'이란 진짜 뭘까?

뭘까? 뭐지?
평범이란 대체 뭘까?

'평범'이라는 건 많은 사람이 행동하고 생각하는 것?

많은 사람이라면 어느 정도일까? 100명 있으면 60명 정도? 70명 정도?

옛날에 평범했던 것이 지금은 평범하지 않아.

'평범'은 나이나 나라, 시대에 따라 다 달라.

나한테 평범한 일도 다른 사람에게는 전혀 평범하지 않아.

'평범'하다는 건 좋은 걸까 나쁜 걸까?

그렇다고 나의 평범함을 다른 사람에게 강요하는 건 좋지 않아.

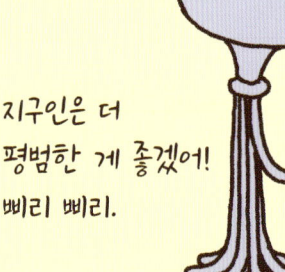

지구인은 더 평범한 게 좋겠어! 삐리 삐리.

'평범'이라는 말의 쓰임새도 느낌도 사람에 따라 처지에 따라 가지가지야.

평범하네요.

어때요?

평범한데요.

사람들은 다 자기는 '평범'하다고 생각할까?

사람은 한 사람 한 사람 다르지만 '비슷한 점'도 많아.

'좋아하는 사람에게 칭찬을 받으면 기뻐.'

행복해지기 위해서는 모두의 '비슷한 점'을 찾는 게 중요할까?

사람은 모두 다른데, 나도 모르게 '평범'한지를 걱정해.

자기와 비슷한 사람을 찾으면 마음이 놓이나? 외톨이가 되고 싶지 않으니까?

평범하지 않아서 멋있어.

'평범'이란 진짜 뭘까?

꿈이란 대체 뭘까?

'꿈'이란 앞으로 자기가 무엇을 하고 싶은가를 말하는 것?

하고 싶은 일이 딱히 없는 사람은 어떡하면 좋지?

꿈이 있는 사람은 멋있어 보여. 그럼 꿈이 없으면 부끄러운 일인가?

원래 꿈이라는 건 다른 사람한테 꼭 말해야 하는 건가?

꿈이 있으면 없는 것보다 할 일이 분명해지고, 이것저것 결정하기가 더 쉬워.

그렇다면 '하고 싶지 않은 일'을 지워 나가다가 마지막에 남은 것을 일단 '꿈'으로 삼는 것도 괜찮지 않을까?

으음…….
정말 그렇네요.
그래도 이것저것
고민하는 건
피곤하잖아요.
더 쉬운 방법은 없을까요?

글쎄요.

생각하는 건 분명히 힘들고 짜증 나요.

다른 사람 말을 그대로 믿고, 그대로 하는 게 편할 때도, 맞을 때도 많아요.

하지만 언젠가는 스스로 생각하고 결정해야 할 때가 반드시 찾아와요. 예를 들면…….

'나와 생각이 다른 사람'과 한 배를 타고 가야 할 때.

힘든 일이나
슬픈 일이 있어서
자기 힘으로 즐거운 일을
만들어 내야 할 때.

친구, 학교, 가족, 자기 자신이
점점 달라져 갈 때,

나한테 '중요한 일'이
무엇인지
알아야 할 때.

그걸 다 갖고
탈 수 없으니까
중요한 것 세 개만
골라 주세요.

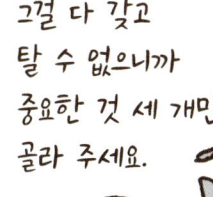

그럴 때는 무슨 일이 있어도
스스로 생각하지 않으면 안 돼요.
아무도 가르쳐 주지 않으니까요.

힘내라!

생각해!

그렇네요.
그렇지만 아무리
"생각해 보세요."라고 해도
못 할 때는 어쩔 수 없어요.

맞아요.

갑자기 "지금부터
마라톤을 뛰세요."라고
하면 그렇게 오래
달릴 수 없잖아요.

그렇지만 마라톤 선수는
매일 달리고 연습하기 때문에
장거리도 달릴 수 있어요.

마찬가지로
'생각하는 것'도
뇌를 사용하는
운동이기 때문에
조금씩 연습해야 해요.
금방 잘 생각할 수는
없을 거예요.

일단은 걷기부터.

게다가
"자! 생각해 봐."라고
말하는 것은
"자, 방귀 뀌어 봐!"
라고 말하는 것과
비슷해요.

갑자기 "나와!"라고 하면
나오지 않지만,
일단 나오기 시작하면
좋은 생각도, 방귀도
마구마구
솟아나잖아요!

몸에서
언제 나올지는
자기도 몰라요.

아무리 생각해도 곧장 답이 나오지 않을 때도 있어요.
어른이 되어도 모르는 것은 많아요.

그렇지만,
늘 조금씩 여러 가지
일을 생각해
두는 편이 좋아요.

그래야 재미있는
일이 더 늘어날
테니까요.

게다가
스스로 이리저리
고민해서 만들어 낸
행복은 아주 오래가는
법이지요.

그리고 자신을
행복하게 만들 수 있다면
다른 사람도 행복하게
해 줄 수 있지 않을까요?

자, 됐어요!

와아―.
정말 싹둑 잘랐네……

어때요?
잘린 머리카락만큼
새로워졌어요!
신선하죠?
괜찮아, 괜찮아!
머리는 또 자라잖아요.

그렇죠…….

으음…….

어쩐지 점점
마음에 드는데.

이건 이대로
나다워 보여.

글쓰고 그린이 요시타케 신스케

1973년 가나가와현에서 태어나 쓰쿠바대학 대학원 예술연구과 종합조형코스를 수료했다. 일상 속 한 장면을 떼어 내어 독특한 시선으로 그린 스케치집을 냈으며, 어린이책 삽화, 표지 그림, 광고 미술 등 다방면에 걸쳐서 작업을 해 왔다. 첫 그림책이자 출간 즉시 베스트셀러가 된 《이게 정말 사과일까?》로 제6회 MOE 그림책방대상과 제61회 산케이아동출판문화상 미술상, 《이유가 있어요》로 제8회 MOE 그림책방대상, 《벗지 말걸 그랬어》로 볼로냐라가치상을 받았다. 그동안 쓰고 그린 책으로는 《이게 정말 사과일까?》 《이게 정말 나일까?》 《이게 정말 천국일까?》 《이게 정말 마음일까?》 《만약의 세계》 《심심해 심심해》 《그것만 있을 리가 없잖아》 《이유가 있어요》 《불만이 있어요》 《벗지 말걸 그랬어》 등이 있다.

옮긴이 김정화

동국대학교 일어일문학과를 졸업하고, 한일아동문학을 공부하며 일본의 좋은 어린이책을 국내에 소개하는 일을 하고 있다. 옮긴 책으로는 《폭풍우 치는 밤에》 《나의 를리외르 아저씨》 《비밀의 보석 가게 마석관》 《불만이 있어요》 《도우니까 행복해!》 《나의 첫 사회생활》 《머릿속이 궁금해》 〈추리 천재 엉덩이 탐정〉 〈이상한 과자 가게 전천당〉 시리즈 등이 있다.

이게 정말 뭘까?

1판 1쇄 발행 | 2020. 11. 26.
1판 4쇄 발행 | 2025. 11. 21.

요시타케 신스케 글·그림 | **김정화** 옮김

발행처 김영사 | **발행인** 박강휘
편집 김인애 | **디자인** 고윤이 | **마케팅** 이철주
등록번호 제 406-2003-036호 | 등록일자 1979. 5. 17.
주소 경기도 파주시 문발로 197 (우-10881)
전화 마케팅부 031-955-3100 | 편집부 031-955-3113~20 | 팩스 031-955-3111

값은 표지에 있습니다.
ISBN 978-89-349-9192-2 77830

좋은 독자가 좋은 책을 만듭니다. 김영사는 독자 여러분의 의견에 항상 귀 기울이고 있습니다.
전자우편 book@gimmyoung.com | 홈페이지 www.gimmyoung.com

| **어린이제품 안전특별법에 의한 표시사항** | 제품명 도서 제조년월일 2025년 11월 21일
제조사명 김영사 주소 10881 경기도 파주시 문발로 197 전화번호 031-955-3100 제조국명 대한민국
사용 연령 7세 이상 ⚠ 주의 책 모서리에 찍히거나 책장에 베이지 않게 조심하세요.

내 미래의 꿈,
'미용사'도
좋을 거 같은데….